EDICT DV ROY,

PORTANT REVOCATION de la Chambre de Iuſtice eſtablie pour la recherche & punition des abus & maluerſations commiſes au faict de ſes Finances.

A PARIS,

Chez FED. MOREL, & P. METTAYER, Imprimeurs ordinaires du Roy.

M. DC XXV.

Auec Priuilege de ſa Majeſté.

LOVIS par la grace de Dieu Roy de France & de Nauarre, A tous presens & à venir, Salut. Pour remedier aux desordres & confusions qui se sont glissees en nostre Royaume, mesmes en ce qui concerne le faict, maniement & administration de nos Finances depuis l'annee 1607. Nous auons cy deuant par nostre Edict du Mois d'Octobre dernier verifié où besoin a esté, ordonné qu'il seroit fait vne exacte recherche & punition des abus & maluersatiōs commises au maniement & administration de nos Finances à fin de recognoistre la fidelité des bons, oster aux mauuais le moyen d'abuser de leurs charges, & contenir chacun en son deuoir, & pour cet effect establi vne Chambre de Iustice pour la recherche & punition des abus & maluersations contre toute sorte de personne sans nul excepter ny reseruer, les Iuges de laquelle ayant vacqué auec tres-grand soin & diligence au faict de ladite recherche, receu plusieurs denonciations & tesmoignages, ont decerné decrets contre plusieurs de nos Officiers & autres, faict emprisonner aucuns d'iceux & procedé à l'instruction de leurs procés, mesmes au iugement d'vn grand nõbre: Ce qui a apporté vn tres-grand trouble à plusieurs familles de nos sujets où la pluspart desdits Officiers & autres gens d'affaires de finances se trouuent conjoints de parēté & d'alliance, & auroit donné subiect à plusieurs d'entre eux de nous auoir tres-humblement supplié & faict supplier par Requeste particuliere à ceste fin à nous presentee & signee d'vn bon nombre d'entre eux, A ce qu'il nous pleust exercer nostre Clemence sur vn si grand nombre de personnes lesquelles pourroient encourir grande ruine par les Iugemens qui interuiendroient en nostredite Chambre, & nous offrans pour satisfactiõ l'entiere disposition de tous leurs biens: A quoy inclinans & voulans les faire participer au repos, duquel (par la bõté diuine) iouïssent à present tous nos autres sujets, & pour ce pardonner le passé & empescher tout desordre pour l'aduenir : De l'aduis de nostre tres-honoree Dame & mere, des Princes estans pres de nous, & autres plusieurs grands & notables personnages de nostre Conseil, & de nostre certaine science, pleine puissance

& auctorité Royale, NOVS auons quitté & remis, pardonné & aboly quittons, remettons, pardonnons & abolissons à tous nosdits Officiers de finances, comptables ou non comptables, & autres employez en l'administration d'icelles, Eslections, Greniers à sel, Gabelles, Receueurs des deniers communs & patrimoniaux des villes, & tous autres deniers publics, traittes, Commissaires, Controolleurs Generaux & Particuliers, & gardes des viures, Commissaires & Controolleurs des guerres, Eauës & Forests, turcies & leuees, voirie, Commis, Commissionnaires, & tous autres generalement quelsconques, de quelque estat, qualité & condition qu'ils soient, sans nul excepter, mesmes à ceux qui sont prisonniers, contumacez, deferez, iugez & à iuger, toutes les faussetez, crimes & maluerſations que lon pourroit pretendre auoir eſté commiſes à noſdites Finances & affaires, ſoit par falſification d'eſtats, comptereaux, inuentaires, cayers de frais, participation de preſts & traittez meſmes au faict de leurs charges, taxations, compoſitions d'aſſignations par ceux ſur leſquelles elles eſtoient leuees, ſans qu'il en puiſſe eſtre contre eux pretendu aucune reſtitution, ſoit du ſimple ou autrement par quelque perſonne que ce ſoit, ſoit par faulſetez, peculats, retention de deniers, achapts & eſchanges de debtes, reuentes & rembourſemens d'offices & autres abus quelſconques & cas concernans leſdites finances, circonſtances & dependances, ſans rien en excepter ny reſeruer, verifiez, confeſſez, ou qui ſe pourront verifier: & generalement tout ce qui leur pourroit eſtre imputé au faict & maniement de nos deniers & finances, depuis le premier Octobre 1607. iusques à present, tant pour les restitutions des doubles, quadruples, corrections concernans les gages, droicts, cayers de frais, taxations & ports & voictures de deniers seulement, que reuisions de comptes, & ce pour les comptes rendus & à rédre par les titulaires & Commissionnaires pour les annees passées, iusques & compris l'annee derniere 1624. à la charge pour lesdits comptes à rendre qu'il n'y sera employé autres parties que celles qui se trouueront acquittees en vertu tant de nos estats, roolles & ordonnances, ou de ceux qui ont pouuoir de nous d'ordonner de nos deniers & validez par nous, qu'acquits patents, validations ou acquits comptables : Et sans que par la closture desdits comptes nous

puissions

puiſſions eſtre rendus redeuables, enſemble les amendes iugees ou à iuger contre eux, deſquelles en tant que beſoin eſt ou ſeroit, Nous auons fait don à eux, leurs femmes, enfans, vefues ou heritiers, à quelques ſommes qu'elles ſe puiſſent monter, comme auſſi de toutes peines quelconques, ſans qu'ores ny à l'aduenir eux, leurs hoirs & ayans cauſe puiſſent eſtre recherchez ny inquietez en leurs perſonnes ou biens, en quelque ſorte ou maniere que ce ſoit, impoſans ſur ce ſilence perpetuel à nos Procureurs Generaux, leurs Subſtituts & tous autres: & interdit toute cognoiſſance, pourſuite & recherche à tous Iuges de quelque qualité qu'ils ſoient à l'aduenir. Et pour cet effect auons reuoqué, reuoquons & ſupprimons ladite Chambre de Iuſtice par nous eſtablie pour ladite recherche de noſdits Officiers & autres perſonnes, enſemble toutes Lettres, Commiſſions, Ampliations & Declarations par nous faictes pour ordonner leſdites recherches iuſques à preſent. Caſſons & annullōs toutes pourſuites & procedures, Ciuiles & Criminelles, faites en conſequence deſdits eſtabliſſemens, & mettons au neant tous defaux & contumaces, Arreſts & Iugemens interuenus : Faiſons pleine & entiere main-leuee tant des perſonnes pour eſtre miſes en pleine & entiere liberté, que de leurs biens & offices. Ordonnons que les Commiſſaires eſtablis leur rendront compte Voulons & nous plaiſt que tous les papiers concernans le faict de leurs charges tirez & extraits de noſtre Chambre des Comptes, y ſoient remis pour eſtre conſeruez, & ceux qui ont eſté ſur eux ſaiſis leur ſoient rendus, comme auſſi tous autres papiers qui concernent leurs affaires en particulier: Et à fin que noſtre grace ſoit entiere, Voulons que les vefues & heritiers de ceux qui ont eu par le paſſé charge, maniement, entremiſe ou adminiſtration en noſdites Finances, iouïſſent de l'effect de nos preſentes Lettres. En ces preſentes toutefois non compris le ſimple des obmiſſiōs de recepte, faux & doubles emplois, faulſes repriſes & l'erreur de calcul, pour leſquels neantmoins les coulpables ne pourront eſtre pourſuiuis que ciuilement & par deuant leurs Iuges ordinaires, auſquels naturellement la cognoiſſance en appartient, ſans qu'ils ſoient tenus ſe denoncer ſoy meſmes; ny qu'à faute de ce faire lon puiſſe pretendre qu'ils ſoient deſcheuz de noſtre grace. Ordonnons que toutes Informations, procedures, & autres papiers estans au greffe de ladite Chambre, ou és mains des Commissaires & leurs Greffiers, soient apportez & mis és Greffes de nostre Conseil, sans que les Greffiers desdites Chambres en puissent rien retenir par deuers eux. Et neantmoins pour l'aduenir voulons que nosdits Officiers soient tenus inuiolablement garder nos Ordonnances & les Reglemens faits, & que nous ferons pour le faict de leurs charges, sans esperance que les contreuenans puissent auoir ou esperer de nous aucune grace des peines qui sont ou seront par nous establies. Et à ceste fin voulons & ordonnons que de dix ans en dix ans soit faict establissement d'vne Chambre de Iustice, pour remedier aux abus, & faire la punition de ceux qui en seront coulpables : Et cependãt qu'aucuns de ladite Chambre presentement reuoquee, qui seront par nous commis, s'assemblent entre eux pour nous donner aduis des Reglemens qu'ils iugeront necessaires, pour pouruoir à l'aduenir aux desordres de nos Finances, selon la cognoissance que l'exercice de ladite Chambre leur en peut auoir donné. Et outre à la charge que chacun de nosdits Officiers & autres contribuables financeront les sommes esquelles ils seront taxez en nostre Conseil, pour iouïr de cette nostre presente grace. SI donnons en mandement à nos amez & feaux les gens tenans nos Cours de Parlement, Châbres de nos Comptes, Cours de nos Aydes à Paris, & tous nos autres Iusticiers & Officiers qu'il apartiendra, que ces presentes ils facent lire, publier & enregistrer chacũ en son ressort, & du contenu en icelles iouïr tous & chacuns nosdits Officiers, Commis, Clercs, & toutes autres personnes, leurs vefues & heritiers, sans souffrir ny permettre leur estre faict ou donné aucun empeschemẽt, non obstant oppositions ou appellations quelscõques, pour lesquelles ne voulons estre differé : Et tous Edicts, Ordonnances, Defenses & Lettres à ce contraires, ausquelles & aux derogatoires des derogatoires nous auons derogé & derogeons par ces presentes. Et à fin que ce soit chose ferme & stable à tousiours, Nous auons cesdites presentes signees de nostre main, & à icelles faict mettre nostre seel : Desquelles parce qu'on pourra auoir affaire en plusieurs & diuers lieux, Nous voulons qu'au vidimus d'icelles faict sous seel Royal ou à la coppie deuëment collationnee, foy soit adioustee, & icelle estre monstree

& signifiee par tout où besoin sera par nostre premier Huissier ou Sergent sur ce requis, auquel de ce faire auons donné pouuoir & commission: Car tel est nostre plaisir. Donné à Paris au mois de May l'an de grace mil six cens vingt-cinq. Et de nostre regne le quinziesme.

Signé, LOVIS. Et sur le reply, Par le Roy. DE LOMENIE. Et à costé, Visa. Et scellé sur lacs de soye rouge verte du grand scel de cire verte.

Leuës, publiees & registrees, Ouy & ce consentant le Procureur General du Roy, pour estre executees selon leur forme & teneur, sans que sous ces mots, de tous autres deniers publics, ne autres mentionnés esdites Lettres, lon y puisse comprendre les Receueurs des Consignatiõs en quelque sorte & maniere que ce soit, & à la charge (sous le bon plaisir du Roy) que les payeurs des gages de la Cour & Receueur des amandes d'icelle; seront exempts de la taxe. A Paris en Parlement le deuxiesme Iuin mil six cens vingt-cinq.

Signé, DV TILLET.

Registrées en la Chambre des Comptes, Ouy & ce consentant le Procureur general du Roy, aux charges & reseruations y contenuës, & en l'Arrest de ce faict les deux Bureaux assemblez le dixiesme iour de Iuin, mil six cens vingt-cinq.

Signé, GOBELIN.

Registrees en la Cour des Aydes, Ouy le Procureur general du Roy, pour estre executées selon leur forme & teneur, & aux charges portées par l'Arrest du iourd'huy. A Paris le deuxiesme iour de Iuillet, l'an mil six cens vingt-cinq.

Signé, PAVLMIER.

EXTRAICT DES Registres de la Chambre des Comptes.

VEV par la Chambre les Lettres patentes du Roy en forme d'Edict donnees à Paris au mois de May dernier, signees Louis, & sur le reply, Par le Roy, De Lomenie: Par lesquelles & pour les causes y contenues sa Majesté a quitté, remis, pardonné & aboly à tous ses Officiers de Finances, Comptables ou non Comptables, & autres employez en l'administration d'icelles, Eslections, Greniers à sel, Gabelles, Receueurs des

deniers communs & patrimoniau:
des villes, & tous autres deniers pu
blics, traittes, Commiſſaires, Controolleurs Generaux & Particuliers
& gardes des viures, Commiſſaires&
Controolleurs des guerres, Eauës &
Foreſts, turcies & leuees, voirie, Com
mis, Commiſſionnaires, & tous autres generalement quelſconques, d
quelque eſtat, qualité & conditio
qu'ils ſoient, ſans nul excepter, meſ
mes à ceux qui ſont priſonniers, con
tumacez, deferez, iugez & à iuger
toutes les fauſſetez, crimes & maluer
ſations que lon pourroit pretendr
auoir eſté commiſes en ſeſdites Finances & affaires, & autres cas y de-
clarez & ſpecifiez, & pour cet effec
a reuocqué & ſupprimé la Chambr
de Iuſtice par ſadite Majeſté eſtablie
pour ladite recherche deſdits Officiers & autres perſonnes, enſembl

outes Lettres, Commissions, Am-
pliations faictes pour ordonner lesdites recherches iusques à present, ainsi que plus au long le contiennent lesdites Lettres, Lettres de cachet du Roy du deuxiesme de ce mois, portant mandement à ladite Chambre de proceder à la lecture, publication & enregistrement des Lettres d'Edict, requestes presentees à ladite Chambre par maistres Estienne Pauillon & Simon de Monstreau Receueurs generaux des Restes, Iean du Ion Tresorier de la Caualerie legere, Charles Payot cy deuant Tresorier de la maison du Roy: Les Receueurs des Tailles des Eslections de ce Royaume: Les Controolleurs generaux des receptes generales des Finances: Les Receueurs generaux du Taillon: Les Controolleurs generaux Prouinciaux des rentes en aucunes

generalitez, maiſtre Aignan Marcet-te, Charles Deſprez, Claude Perthuis Philippes Luſſe & Pierre Vrſier Treſoriers & payeurs de la Gendarmerie de France, Maiſtre Pierre Abely cy deuant Receueur general des Finances à Limoges, & Maiſtre Iacques Gobelin Conſeiller, Secretaire du Roy & de ſes Finances, & Greffier en ladite Chambre, & cy deuant Receueur general des Finances audit Limoges, Les Commiſſaires ordinaires des guerres, & par maiſtre Eſtienne Chomel ſubrogé tuteur des enfans mineurs de feu maiſtre Pierre Chomel viuant Treſorier des Ligues des Suiſſes & Griſons: Tous afin d'auoir acte de ce qu'ils renoncent au benefice dudit Edict, & eſtre receuz opposans à la verification d'iceluy, & deſchargez de la taxe que lon pourroit faire cõtre eux, Leſdites requeſtes

rdonnees eſtre communiquees au
'rocureur General du Roy les ſept &
eufieſme de ce preſent mois, Con-
luſions dudit Procureur General &
out conſideré: LA CHAMBRE a
ordonné & ordonne leſdites Lettres
l'Edict eſtre regiſtrees, Ouy & ce
onſentant le Procureur General du
Roy aux charges & reſeruations y
ontenues, & outre auant proceder à
execution des taxes y ſpecifiees, que
es roolles d'icelles ſeront apportez
u Greffe de ladite Chambre pour y
uoir recours & ſeruir de controolle
quand beſoin ſera, deſquelles ſous le
on plaiſir de ſa Majeſté, les payeurs
les gages des Officiers d'icelle Chambre, le Receueur des amandes & me-
nues neceſſitez, enſemble les Receueurs generaux des Reſtes ſeront exceptez, & quant aux oppoſans leur a
donné acte de leurs oppoſitiõs & de-

claratĩos, ſur leſquelles ils ſe retirerõ pardeuers le Roy pour leur eſtre faict droict ainſi que de raiſon, à la charge auſſi que les deniers prouenans deſdites taxes ſeront vtilement employez aux affaires de la guerre & neceſſitez de l'eſtat, ſans pouuoir eſtre diuertis ailleurs, à peine de radiation & repetition contre les Ordonnateurs comptables & parties prenantes s'il y eſchet, à ceſte fin que ceux qui seront Commis à la recepte deſdites taxes ſeront tenus d'en compter en ladite Chambre & les Treſoriers de l'Eſpargne d'en faire chapitres ſeparez en la recepte & deſpenſe de leurs comptes des deniers qu'ils en receuront, deſquelles nul ne pourra pretendre ny demander à l'aduenir aucun remburſement : Et pour ce qui concerne les comptes à rendre iuſques en l'annee mil ſix cens vingt-quatre,

)rdonne qu'au iugement d'iceux &
.es parties ſingulieres qui y ſeront
mployees, ſera faict droict en la ma-
ıiere accouſtumee, ſans que les com-
tables puiſſent encourir aucune pei-
ıe pour raiſon dudit employ, leſ-
uels ſeront tenus de compter de leur
ıaniement dans le temps de l'Or-
onnance, à peine de deſcheoir de la
;race du Roy portee par ledit Edict,
:t quant aux amandes mentionnees
ſdites Lettres, les Comptables ou
ermiers ne ſerōt deſchargez en ver-
u d'iceluy Edict de celles eſquelles ils
uront eſté condamnez à faute d'a-
.oir compté. Et pour ce qui concer-
ıe les corrections & reuiſions elles ſe-
ont iugees en la maniere accouſtu-
nee, ſans qu'au moyen du contenu
udit Edict les Commiſſaires qui ſe-
ont cy apres ordonnez pour le iuge-
ıent des abus pretendus commis au

maniement & administration des Fi
nances de sa Maiesté puissent pren
dre aucune iurisdiction ny cognois
sance des corrections rapportees, iu
gees & à iuger par ladite Chambre
que les papiers & comptes rendus, t
rez & extraicts de ladite Chambre,
seront remis en leur ordre, & ceu
qui se trouueront sous seellé, seron
lesdits seellez leuez, & les papiers &
acquits concernans l'interest du Ro
sommairement inuentoriez en pre
sence du Procureur General du Ro
mis és mains des Procureurs pou
dresser les comptes & seruir au iuge
ment d'iceux ce que de raison, &
quant à ceux qui concernent leu
faict particulier leur seront rendus &
restituez. Et entant que touche le
cas reseruez par ledit Edict, Ordon
ne que la poursuitte s'en fera en la
dite Chambre ainsi qu'il a esté cy de
uan

ment faict & obferué, aduenant que
y apres fa Majefté eftabliffe autre
Chambre de Iuftice, les Lettres d'e-
ftabliffement, ny lefdits Reglemens
qui feront faits pour le maniement
& adminiftration des Finances de fa
Majefté, n'aurõt lieu qu'elles n'ayent
efté verifiees par la Chambre en la
maniere accouftumee. Faict les deux
bureaux affemblez le dixiefme iour
de Iuin mil fix cens vingt-cinq.

Signé, GOBELIN.

EXTRAICT DES REGISTRES de la Cour des Aydes.

VEV par la Cour les Chambres affemblées, les Lettres patẽtes du Roy en forme d'Edict donnees à Paris au mois de May mil fix cens vingt-cinq, fignees, LOVIS, *Et fur le reply, Par le Roy, De Lomenie, à cofté, Vifa:*

Et ſcellees de cire verte ſur lacs de ſoye rouge & verte: Par leſquelles, pour les cauſes & conſiderations y contenuës, Ledit Seigneur pardonne, remet & abolit à tous ſes Officiers de finances, comptables ou non, & autres employez en l'adminiſtration d'icelles, Eſlections, Greniers à Sel, Gabelles, Receueurs des deniers communs & patrimoniaux des Villes, & tous autres deniers publics, Traictes, Commiſſaires, Controolleurs generaux & particuliers, Gardes des Viures, Commiſſaires & Controolleurs des Guerres, Eauës & Foreſts, Turcies, leuees, Voiries, Commis, Commiſsionnaires, & tous autres generalement quelsconques, de quelque eſtat, condition & qualité qu'ils ſoient, ſans nul excepter: meſmes ceux qui ſont priſonniers, cõtumax, deferez, iugez & à iuger, toutes les faulſetez, crimes, peculats & maluerſations pretenduës auoir eſté commiſes eſdites finances & affaires du Roy, ſans qu'il en puiſſe eſtre pretendu aucune reſtitution : Et generalement tout ce qui leur pourroit eſtre imputé au faict & maniement deſdites finances depuis le premier Octobre mil ſix cens ſept iuſques à preſent : Pour raiſon dequoy, ledit Seigneur auroit dernierement eſtably la Chambre de Iuſtice, laquelle il reuoque & ſupprime : enſemble toutes Lettres, Commiſſions, Ampliations & Declarations faictes en conſequence pour leſdites recherches iuſques à preſent, Caſſe & adnulle toutes pourſuites & procedures ciuiles & criminelles, faictes en conſequence deſdits eſtabliſſemens : met au neant tous defaux, contumaces, Arreſts & Iugemens interuenus, faict pleine & entiere mainleuee, tant des perſonnes pour eſtre miſes en liberté, que de leurs biens & offices, dont les Commiſſaires ſeront tenus leur rendre compte, reſerué toutesfois le ſimple des obmiſſions de recepte, faux & double employ, faulſes repriſes & erreurs de calcul, dont neantmoins ils ne pourront eſtre pourſuiuis que ciuilement, à la charge de financer par chacun deſdits Officiers & autres contribuables, les ſommes eſquelles ils ſerõt taxeZ en ſon Cõſeil pour iouïr de ladite grace. Et outre, veut & ordõne auſſi ledit Seigneur, que de dix ans en dix ans il ſoit faict vne Chambre de Iuſtice pour remedier aux abus & faire la punition de ceux qui ſeront coulpables: Et cependant qu'aucuns de ceux de ladite Chambre s'aſſembleront pour donner aduis des reglemens qu'ils iugeront neceſſaires pour pourueoir à l'aduenir au deſordre deſdites finances, ainſi que plus au long eſt porté par leſdites Lettres. Requeſtes *afin d'oppoſition à la verification d'icelles preſentee à ladite* Cour *par les Eſleuz du reſſort d'icelle & Officiers des* Gabelles: *enſemble par les Eſleuz des Eſlections de* Normandie, *excepté ceux des Eſlections du* Pont *de l'Arche, Lizieux &* Ponteau *de* Mer, Receuers des Tailles des Eſlections de ce Royaume, Receueurs des Consignations des Cours souueraines, Receueurs & Payeurs des gages des Officiers du grand Conseil, M. Pierre Abely cy deuant Receueur general des finances à Limoges, Controolleurs generaux des receptes generales des finances, & Controolleurs ordinaires des Guerres, par M. Nicolas de Lancy Tresorier general ordinaire desdites Guerres, tendantes, à sçauoir celles des Officiers desdites Gabelles, Receueurs desdites Consignations & dudit grand Conseil, à ce que pour les causes y contenuës ils ne puissent estre cõpris és taxes qui pourroient estre faictes sur lesdits Officiers des finances & autres: & où ils y seroient compris qu'ils en seroient deschargez: Et celles desdits Esleuz, Receueurs des Tailles, de Lancy Tresorier general des Guerres, Abely cy deuant Receueur general à Limoges, & Controolleurs generaux des receptes generales des Finances, & ordinaires des Guerres, à ce qu'acte leur fust donné de ce qu'ils n'entendoient estre compris en l'abolition contenuë esdites Lettres au benefice de laquelle ils renonçoient : Lesdites Requestes de l'ordonnance de ladite Cour iointes ausdites lettres, Conclusions du Procureur general du Roy, Le tout veu & consideré : LA COVR a ordonné & ordonne que lesdites Lettres seront registrees au Greffe d'icelle, pour estre executees selon leur forme & teneur, sans toutesfois que les Presidens, Lieutenans, Esleuz, Grenetiers, Controolleurs, Substituts & autres Officiers qui ne sont que simples ministres de Iustice, puissent estre compris en ladite taxe, ny les Receueurs des Consignations des quatre Cours souueraines : Et que sous le bon plaisir du Roy, les Receueurs & Payeurs des gages, amendes & menuës necessitez desdites Cours en seront aussi exceptez. Et pour le surplus desdits opposans, ladite Cour leur a donné acte de leursdites *oppositions & declarations, ordonne qu'ils se pouruoirõt sur icelles ainsi qu'ils verront estre à faire, & à la charge que les poursuites reseruees par lesdites Lettres se feront en ladite Cour, en ce qui est de iurisdiction cõtentieuse, sans aussi approuuer l'establissement d'vne Chambre de Iustice de dix ans en dix ans, & que les Reglemens qui ont esté faicts & se feront pour le faict des finances, n'auront lieu qu'apres qu'ils auront esté verifiez en ladite Cour, & iusques à ce, que lesdits Officiers se pourront pouruoir en icelle par les voyes de droict: Ordonne ladite Cour, que outre les sommes portees par lesdites taxes, il sera payé au Receueur des amendes d'icelle, la somme de quinze mil liures, pour estre employee au payement des ouuriers qui ont trauaillé aux bastimens & menuës necessitez d'icelle. Faict à Paris en la Cour des Aydes le deuxiesme iour de Iuillet, l'an mil six cens vingtcinq. Signé,* PAVLMIER.

www.ingramcontent.com/pod-product-compliance
Lightning Source LLC
LaVergne TN
LVHW010309230826
846091LV00007BB/2800

* 9 7 8 2 3 2 9 2 8 5 1 2 2 *